The Conflict Resolution Library™

Dealing with Anger
Qué hacer con la ira

Marianne Johnston

Traducción al español:
Mauricio Velázquez de León

PowerKiDS press & **Editorial Buenas Letras**™
New York

Published in 2008 by The Rosen Publishing Group, Inc.
29 East 21st Street, New York, NY 10010

First Bilingual Edition

Book Design: Lissette González

Photo Credits: Cover by Maria Moreno; p. 4 © www.istockphoto.com/Bonnie Jacobs; p. 11 by Thomas Mangieri; p.16 © istockphoto.com/Cliff Parnell; all other photos by Maria Moreno.

Cataloging Data

Johnston, Marianne.
   Marianne Johnston / Dealing with anger; traducción al español: Mauricio Velázquez de León.
   p. cm. – (Conflict Resolution Library/Biblioteca solución de conflictos)
Includes index.
   ISBN-13: 978-1-4042-7659-8 (library binding)
   ISBN-10: 1-4042-7659-9 (library binding)
 1. Anger–Juvenile literature. [1. Anger. 2. Spanish language materials.] I. Title. II. Series.

Manufactured in the United States of America

Contents

Contenido

Anger is a strong feeling. It can be scary and confusing. Anger is a natural feeling. But anger can get you into trouble if you don't deal with it the right way.

La ira es un sentimiento muy fuerte que puede asustarnos y confundirnos. Cuando sentimos ira decimos que estamos enojados. La ira es un sentimiento natural. Pero puede meterte en problemas si no la enfrentas de la manera correcta.

When you were a baby, crying was the only way you could tell others you were angry. Now, you can talk to people when you are angry. This is a healthy way of letting out anger.

Cuando eras un bebé, la única manera de decirle a los demás que estabas enojado era llorar. Ahora, puedes decirle a los demás porqué estás enojado. Esta es una manera muy sana de dejar salir tu ira.

Sometimes people let anger out the wrong way. Anger is **destructive** when we hurt our things, ourselves, or other people. Hitting never solves the problem. Hitting only makes everybody feel worse.

Algunas veces dejamos salir la ira de la manera equivocada. La ira es **destructiva** cuando dañamos nuestras cosas, a nosotros mismos o a otras personas. Los golpes nunca solucionan el problema. Los golpes sólo hacen sentir peor a todos.

Sometimes we have arguments. Each person thinks they are right. Both sides have to **compromise**. When two people compromise, both sides get some of what they want, and no one is left feeling angry.

A veces tenemos discusiones. Al discutir ambas personas creen tener la razón. Por eso ambas tienen que **llegar a un acuerdo**. Esto significa que los dos obtienen una parte de lo que quieren, y nadie queda enojado.

Alison wanted to play by herself. Emilia wanted to play with Alison. Alison had an idea. Alison told Emilia that they could play together later if she could play by herself first. Both girls got part of what they wanted, and neither stayed angry.

Alison quería jugar sola. Emilia quería jugar con ella. Alison tuvo una idea. Alison le dijo a Emilia que podían jugar juntas más tarde si la dejaba jugar sola. Las dos niñas obtuvieron una parte de lo que querían y ninguna se quedó enojada.

A good way to deal with anger is positive thinking. This means looking at the good side of things. When you have a **good outlook** on life, you don't get angry very often.

Pensar positivamente es una buena manera de enfrentar la ira. Esto significa ver el lado bueno de las cosas. Cuando tienes una buena **actitud** sobre la vida no te enojas con frecuencia.

Ricardo and Terry were playing tag. Terry accidentally knocked Ricardo down. Ricardo was angry. He wanted to knock Terry down. Then Ricardo thought about it. Terry didn't knock him down on purpose. Ricardo used positive thinking to deal with his anger.

Ricardo y Terry estaban jugando al escondite. Terry tumbó accidentalmente a Ricardo. Ricardo se enojó y quería tumbar a Terry. Entonces Ricardo lo pensó. Terry no lo había tumbado a propósito. Ricardo pensó positivamente para enfrentar su ira.

Sometimes we get **frustrated** when things don't happen the way we want them to. When you are frustrated, use positive thinking. You will calm down, and the frustration will begin to go away.

Algunas veces sentimos **frustración** cuando las cosas no suceden como queremos. Cuando sientas frustración piensa positivamente. Esto te tranquilizará, y la frustración comenzará a desaparecer.

Marco's baseball game didn't go well. He was frustrated because he had struck out twice. Then he began to think about how well he had played in the outfield the entire game. After a while, Marco felt better.

El equipo de béisbol de Marco perdió el partido. Marco estaba frustrado porque lo habían ponchado dos veces. Entonces, comenzó a pensar en lo bien que había jugado a la defensiva todo el partido. Después de un rato, Marco se sintió mejor.

Sometimes anger can give you the strength to change a situation. Juan was angry that Henry picked on people. Juan told the principal. The next day, Henry left everyone alone. Juan had used his anger to help solve a problem.

Algunas veces la ira puede darte la fuerza para cambiar una situación. Juan estaba enojado de que Henry molestara a los demás. Juan se lo dijo al director. Al día siguiente, Henry dejó de molestar. Juan usó su ira para solucionar un problema.

Glossary

compromise (KOM-pro-mize) When two people work out an argument by giving in a little.

destructive (de-STRUK-tiv) Causing harm to yourself or others.

frustrated (FRUS-tray-ted) When you feel anger because things aren't happening the way you want them to.

outlook (OWT-look) How you look at situations in life.

Glosario

actitud (la) La manera en la que ves las situaciones de la vida.

destructivo Hacerte daño a ti mismo o a los demás.

frustración (la) Cuando sientes ira porque las cosas no están sucediendo de la manera que tú quieres.

llegar a un acuerdo Cuando dos personas solucionan un problema cediendo un poco.

Index

Índice